Notice Biographique

SUR M. LE GÉNÉRAL

MESLIN,

Commandeur de l'Ordre Royal de la Légion-d'Honneur;

par M. Vérusmor.

CHERBOURG,

Imprimerie de NOBLET, rue de la Fontaine.

—

1844.

Le général Meslin se présente aux électeurs de l'arrondissement de Cherbourg pour remplacer à la chambre des députés le brave colonel de Briqueville, son vieux frère d'armes de Russie. Nous croyons devoir à cette occasion retracer sa belle vie militaire ; rien ne peut mieux le recommander aux suffrages de ses concitoyens.

Lorsque M. de Briqueville fut élu pour la première fois, en 1827, par les arrondissements réunis de Cherbourg et de Valognes, il n'avait d'autre titre que ses lauriers du champ de bataille, il n'était connu dans ce pays que comme l'un des vaillants officiers de l'empire. Le général Meslin aussi est un des preux de l'épopée impériale. Comme M. de Briqueville, il a reçu dans les combats d'honorables blessures, et il peut, lui aussi, couvrir de lauriers ses nobles cicatrices. La carrière militaire du général Meslin, longue et laborieuse, n'est pas moins éclatante que celle du colonel de Briqueville. L'un et l'autre se sont signalés au champ d'honneur par une bravoure poussée dans maintes circonstances jusqu'à l'héroïsme. L'un et l'autre ont été jusque dans les glaces du pôle verser leur sang généreux pour la France. L'un et l'autre, dans nos jours d'infortune, ont disputé pied à pied le sol sacré de la patrie aux hordes étrangères. L'un et l'autre ont défendu jusqu'à la fin nos aigles malheureuses, Meslin à Waterloo, Briqueville à Versailles. L'un et l'autre ne voulurent point souscrire en 1815 à la capitulation de Paris: Meslin se retira derrière la Loire avec les valeureux débris de notre armée, qui appelaient à grands cris Napoléon à leur tête; et si Briqueville, accablé de blessures, ne put suivre ses compagnons d'armes, il subit, comme son compatriote, la colère vengeresse du gouvernement imposé pour la seconde fois à la France: le coup qui brisa dans les mains de l'un le sabre ébréché sur le casque des Prussiens, brisa dans les mains de l'autre l'épée fumante encore du sang des Anglais; ils furent tous les deux, sans égard pour leurs services, rayés des contrôles et expulsés de l'armée comme indignes. Leur tort était d'avoir tenu leurs serments, d'être napoléonistes: ce qui devait les honorer plus tard, leur était alors imputé à crime par une réaction trop ardente pour n'être pas impolitique.

Le général Meslin est donc digne de succéder au colonel de Briqueville; celui-ci ne désavouerait pas son vieux compagnon de gloire: ce sont deux vaillants hommes de guerre dont le département de la Manche se glorifiera toujours d'avoir été le berceau.

Le général Meslin était un des braves de la grande armée; ses blessures attestent sa valeur. Pendant les guerres gigantesques de l'empire, dans lesquelles il fut sans cesse acteur, M. Meslin eut huit chevaux tués sous lui au champ de bataille; plus d'un général de cavalerie n'a pas eu le même honneur. Soldat volontaire à 16 ans, tous ses grades, jusqu'à celui de lieutenant-colonel inclusivement, lui ont été donnés après la victoire, en récompense de son courage ou de ses actions d'éclat. Saint-Domingue, Damgarten, Recknitz, Lobnitz, Radebas, Stralsund, l'île de Rugen, Landshut, Eckmühl, Ratisbonne, Ebersberg, Lobau, Essling, Wagram, Kornenbourg, Stokeren, Hollabrunn, Schongraben, Guntersdorff, Znaïm, la Dwina, Obaïarzama, Polotsk, Voluntina, Zakobowo, Chasnitzki, Nemonitsa, Studzianka, la Bérésina, Kowno, Willensbourg, Dresde, Leipsick, Hanau, Besançon, Fleurus, Waterloo, Namur, Meudon, Saint-Sébastien, Gutiera, la Corogne, ont vu tour à tour briller sa vaillance.

Un tel homme mérite de représenter à la chambre une portion du pays pour l'honneur et la défense duquel il a versé son sang et combattu au-delà des mers et aux extrémités de l'Europe.

Ce sont là des services réels rendus à la patrie,

personne ne peut le contester. En présence de pareils titres, que pourrait-on objecter contre la candidature du général Meslin? Enfant de ce pays, M. Meslin en défendrait les intérêts, s'y dévouerait tout entier; homme du peuple, il est pour le peuple, d'affection comme d'origine. On n'invoquera sans doute pas contre ce vieux guerrier la question de dignité nationale, qui est maintenaut le *delenda Carthago* de l'opposition: car en quelles mains la confierait-on, si les glorieux débris de ces immortelles phalanges qui ont arboré nos drapeaux triomphants sur les capitales étonnées, à Vienne, à Berlin, à Madrid, à Moscou; si les héros de la grande armée, élevés à l'école de l'honneur, n'étaient pas dignes de présider aux destinées du pays? Croit-on que des négociants, des banquiers, des avocats, portent plus haut l'honneur national que ceux qui ont versé leur sang pour lui sur tant de champs de bataille, contre toutes les puissances de l'Europe? Il est plus facile de protester de son patriotisme dans une circulaire ou au milieu d'un comité électoral, que de le prouver en marchant à l'ennemi sous la volée du canon. Il n'y a pas grand mérite à se dire patriote, mais il y en a beaucoup à braver la mort pendant vingt ans pour la défense et la gloire de son pays. C'est là une éloquente protestation d'amour national, une belle et noble profession de foi.

Notice Biographique

SUR M. LE GÉNÉRAL MESLIN.

Le général Meslin, comme tant d'autres braves de notre époque héroïque, s'est élevé par la seule impulsion de son courage et de ses talents. Issu d'une famille d'honnêtes cultivateurs, parti simple volontaire à 16 ans, il n'a eu de recommandation que son mérite, d'appui que son épée, de protecteurs que ses compagnons d'armes. Artisan de sa fortune, il ne doit son haut rang dans l'armée qu'à ses longs services, qu'à sa valeur personnelle. A l'exemple des vaillants généraux Le Marois[*], Jouan[**], Bonnemains[***], glorieux enfants du peuple dont nos campagnes s'enor-

---

[*] M. le comte Le Marois, lieutenant-général, aide-de-camp de Napoléon, grand-officier de la légion-d'honneur, né à Bricquebec le 17 mars 1776, mort à Paris le 15 octobre 1836.

[**] M. le chevalier Jouan, général de brigade retraité, commandeur de la légion-d'honneur, né à Saint-Christophe-du-Foc le 4 mars 1767.

[***] M. le vicomte Bonnemains, lieutenant-général, grand-officier de la légion-d'honneur, député de Coutances, né à Tréauville le 13 septembre 1773.

gueillissent à bon droit, le général Meslin quitta les travaux des champs pour voler au combat; et, comme ses nobles devanciers, en consacrant sa vie au service de son pays, il est devenu une des illustrations militaires du département de la Manche.

M. MESLIN (*Jacques-Félix*), maréchal-de-camp, commandeur de la légion-d'honneur, membre de plusieurs ordres étrangers, est né à Bricquebec le 1er mars 1785.

Obéissant à sa vocation pour la carrière des armes, qui s'était manifestée dès son enfance, aux cris de la patrie en danger, il entra au service dans la marine en 1799, comme novice timonier sur un des bateaux plats de la division de Cherbourg. Mais il voulait des combats, des aventures, des périls autres que ceux de la mer, contre lesquels le courage est souvent inutile. Il se dégoûta bientôt de l'uniformité de la vie du bord, dont l'approche de l'ennemi qu'il fallait éviter ou les mauvais temps changeaient seuls la monotonie. Il quitta la marine au bout de deux ans, et s'engagea, le 23 octobre 1801 (1er brumaire an X), dans la 38e demi-brigade, avec laquelle il partit presque aussitôt pour l'expédition de Saint-Domingue, commandée par le général Leclerc, beau-frère du premier consul. On connaît la fatale issue de cette campagne: le général Leclerc, les deux tiers de l'état-major et plus de 30,000 soldats et marins furent moissonnés en quelques mois par la fièvre jaune. Ce douloureux désastre, comme celui de notre expédition de Russie, fut l'ouvrage de la nature, mais produit par une influence toute contraire: à Saint-Domingue, le ciel de feu du tropique dévora les Français; en Russie, le climat de fer du pôle anéantit notre armée.

De retour en Europe, la 38ᵉ demi-brigade, devenue 37ᵉ régiment de ligne, cessa de faire partie de l'armée de l'Ouest, et alla renforcer en l'an XII le corps d'observation de Hollande. M. Meslin, qui avait conquis à coups de fusil à Saint-Domingue ses galons de sous-officier, en passant par les grades de caporal et de fourrier, était sergent-major depuis le 1ᵉʳ thermidor an XI. Il resta pendant trois ans au corps d'observation chargé de couvrir les Pays-Bas contre les tentatives de l'Angleterre.

Le 37ᵉ de ligne fit partie de la division Molitor et du 8ᵉ corps de la grande armée dans la campagne de Prusse. Opérant sur les bords de la Baltique en 1807, la division Molitor, sous les ordres du maréchal Brune, attaqua les Suédois, le 13 juillet, à Damgarten, força le passage de la Recknitz, enleva le lendemain les positions fortifiées de Lobnitz et de Radebas, et poursuivit l'ennemi jusque sous les murs de Stralsund. Au siége de cette place, l'une des plus importantes de l'Europe, M. Meslin eut son frère tué sous ses yeux, et lui-même fut blessé d'un éclat de bombe. Sa blessure était grave: mais telle a toujours été l'énergie de cet homme de fer, qu'il

voulut faire partie, peu de temps après, de la
flottille, créée avec des barques amenées sur des
chariots, qui enleva de vive force l'île de Dæ-
neholm. Il participa ensuite à la prise de l'île de
Rugen, où il eut l'honneur d'être mentionné
dans l'ordre du jour du régiment, comme l'un des
premiers grenadiers qui débarquèrent en repoussant l'ennemi à la baïonnette. Il fut fait adju-
dant-sous-officier le 17 février 1808, après cinq
ans de grade de sergent-major, et resta à l'armée
de Poméranie jusqu'au commencement de 1809.

Le 37ᵉ de ligne, division Molitor, rejoignit la
grande armée dès l'ouverture de cette mémorable campagne d'Autriche que termina la foudre
de Wagram. Placé sous les ordres du maréchal
Masséna, commandant le 4ᵉ corps, il prit part au
combat de Landshut le 21 avril, à la bataille
d'Eckmühl le 22, et à celle de Ratisbonne le 23.
Détachée après cette victoire, la division Molitor arrêta à Neumarck les progrès d'un corps
autrichien, et dégagea l'armée bavaroise forte-
ment compromise. M. Meslin assista ensuite au
combat d'Ebersberg, puis à la prise de Vienne,
à la suite de laquelle la division Molitor effectua
le passage du Danube à Ebersdorff et s'empara
de l'île de Lobau.

Vint alors la sanglante bataille d'Essling, où
nos troupes, attaquées par les flancs et par la tête,
firent une défense telle qu'on n'en avait jamais
vu dans les guerres de poste les plus acharnées.
Les morts s'amoncèlent, le village de Gross-As-

pern s'enflamme, le carnage est partout: la place, l'église, le clocher, chaque rue, chaque maison, chaque débris est pris et repris. Sept fois l'ennemi est repoussé à la baïonnette, sept fois l'Autriche entière en armes se précipite sur nos colonnes acculées contre le Danube et les écrase des feux de son immense artillerie. Tout est foudroyé: le général Saint-Hilaire est tué, le maréchal Lannes est blessé mortellement, des bataillons entiers ont disparu. Napoléon fait conjurer Masséna d'arrêter l'ennemi deux heures encore; et le maréchal répond : « Dites à l'Empereur que je resterai ici deux heures, vingt-quatre heures, toujours ! » Après cette lutte acharnée qui dura deux jours (21 et 22 mai) et coûta si cher à la France, il ne restait plus du régiment de M. Meslin, qui avait soutenu le premier choc de l'armée autrichienne à Aspern, que 3oo hommes environ; 1,5oo gisaient dans la plaine. Le grade de sous-lieutenant fut pour M. Meslin la récompense du courage qu'il déploya dans ces meurtrières journées; Masséna lui-même le lui conféra sur le champ de bataille, et un décret impérial du 26 mai confirma cette promotion.

M. Meslin reçut le commandement provisoire d'une compagnie d'artillerie régimentaire, attachée au 37 de ligne, avec laquelle il combattit à Enzerdorff le 5 juillet, et à Wagram le lendemain. Dans cette grande bataille, il eut deux chevaux tués sous lui, ses pièces furent démontées par les boulets, ses caissons sautèrent, presque tous ses canonniers furent tués ou blessés; lui-même reçut un coup de lance à l'attaque du village d'Aderka, où la division à laquelle il appartenait soutint, pendant une partie de la journée, les efforts désespérés du centre de l'armée ennemie.

Il suivit le mouvement du corps de Masséna poursuivant les Autrichiens dans leur retraite sur la Hongrie, et se trouva aux combats de Kornenbourg, de Stokeren, de Hollabrunn, de Schongraben, de Guntersdorff, enfin de Znaïm, où l'armistice vint suspendre les hostilités.

Après la paix de Vienne, le 37ᵉ de ligne se rendit au corps d'observation des côtes de Hollande. Il eut pendant deux ans plusieurs affaires avec les Anglais, dont le but constant était d'envahir ce pays; la vigilance de nos troupes fit échouer toutes leurs entreprises. M. Meslin trouva là une occasion de se distinguer d'une manière brillante, en repoussant avec une cinquantaine d'hommes un débarquement de 4 ou 500 ennemis, qui s'opérait au milieu de la nuit par un temps extrêmement obscur. Les Anglais furent assaillis à coups de fusil, chargés à la baïonnette, et refoulés en désordre dans leurs bateaux; un grand nombre se noyèrent en voulant se rembarquer. Ce fait d'armes valut à M. Meslin le grade de lieutenant, qu'il obtint le 2 mars 1811, puis celui d'adjudant-major, le 25 mai suivant.

C'est en cette qualité qu'il partit pour la campagne de Russie avec le 37ᵉ de ligne, faisant par-

tie de la 8ᵉ division d'infanterie, sous les ordres
du général Verdier, et du 2ᵉ corps, commandé
par le maréchal Oudinot. Ce corps, fort de
44,100 hommes et 7,000 chevaux, se réunit sur
la rive gauche du Niémen avec toute l'armée,
qui présentait un effectif d'environ 450,000 hommes, dont 60,000 de cavalerie et 1,200 pièces
de canon. Le fleuve fut franchi les 24 et 25 juin
1812, sans que l'ennemi nous en disputât le passage, et Napoléon s'avança dans les plaines de la
Lithuanie avec sa formidable armée.

Dans sa marche de Ianovo sur Chatouï, le
2ᵉ corps força le général russe Wittgenstein d'é-
vacuer la Samogitie; il se retira sur Wilkomir.
Le maréchal Oudinot l'atteignit, le 28 juin, près
de Develtovo; une affaire sérieuse s'engagea:
l'ennemi fut chassé de sa position et refoulé sur
la Dwina. L'adjudant-major Meslin prit part à
ce combat par lequel s'inaugura la campagne.
Il se distingua quelques jours après au passage
de la Dwina, dans une charge à la baïonnette qui eut pour résultat de culbuter une division russe et de lui prendre 16 pièces d'artillerie: tout ce qui ne périt pas sur le champ de bataille fut obligé de se jeter dans la rivière, où
plus de 1,000 hommes se noyèrent. Il fit preuve
de la même intrépidité à l'affaire de Zakobowo
contre l'avant-garde russe, et, le 1ᵉʳ août, au sanglant combat d'Obaïarzama, en exécutant plusieurs charges à la baïonnette à la tête de son
bataillon qui avait perdu son commandant.

Plus intrépide encore à la bataille de Polotsk, livrée le 18 du même mois, il repoussa avec son bataillon deux charges de cavalerie, contribua à la prise d'une batterie enlevée sous la mitraille, et couronna ses hauts faits de la journée en se précipitant à la baïonnette sur un carré qu'il anéantit. Son brillant courage fut récompensé sur le champ de bataille par la décoration de la légion - d'honneur, si laborieusement gagnée ; l'Empereur confirma cette promotion par un décret daté de Moscou le 25 septembre. M. Meslin ne paya son héroïsme à Polotsk que d'un coup de sabre à la tête. Le maréchal Oudinot fut moins heureux en ordonnant la victoire: grièvement blessé, il dut se faire transporter à Wilna, après avoir laissé le commandement en chef au général Gouvion-Saint-Cyr. Le général Verdier, commandant la division dont le 37e de ligne faisait partie, fut également forcé de quitter l'armée par suite de blessures graves ; le général Maison le remplaça.

Le lendemain 19 août, il fallut recommencer un nouveau combat et gagner une nouvelle victoire à Voluntina-Cora. M. Meslin s'y fit encore remarquer, ainsi que dans les différentes affaires qui eurent lieu pendant deux mois, c'est-à-dire jusqu'au moment de la retraite.

Les champs de Polotsk devinrent une seconde fois le théâtre d'une lutte meurtrière. Le 18 octobre, les Russes, ayant reçu des renforts considérables, débouchèrent sur notre droite qu'ils avaient débordée et qu'ils cherchaient à tourner. Le général Maison fit faire un changement de front à sa division, et soutint la première attaque du corps de Wittgenstein. L'adjudant-major Meslin, chargé avec un bataillon de la défense d'une redoute dont le feu faisait un grand ravage dans les masses russes, fut attaqué avec le plus grand acharnement: l'ennemi pénétra cinq fois dans cette redoute sans pouvoir s'y maintenir. On se battait avec la même fureur sur toute la ligne, Wittgenstein voulant, à tout prix, forcer le passage pour se porter par Polotsk sur les ponts, et couper la retraite à l'armée française. Mais ayant perdu plus de 2,000 hommes de ses meilleures troupes devant la seule division Maison, et désespérant de vaincre une résistance aussi opiniâtre, il se retira vers le soir, après un combat qui durait depuis huit heures du matin. M. Meslin poursuivit une colonne russe dans son mouvement de retraite, la chargea dans un bois et lui fit 200 prisonniers. Séparé de son corps à l'approche de la nuit, il parvint à le rejoindre avec ses prisonniers, après avoir culbuté à la baïonnette plusieurs escadrons qui le cernaient. Il s'était couvert de gloire dans cette journée; le maréchal Gouvion-Saint-Cyr, témoin de sa valeur, lui donna, sur le théâtre même de ses exploits, le grade alors si envié d'officier de la légion-d'honneur, et Napoléon lui en signale brevet au bivouac de Wélitschevo le 1er novembre.

Notre armée, maîtresse du champ de bataille, mais se voyant menacée sur ses derrières, passa en partie la Dwina pendant la nuit. L'affaire n'avait point été décisive, elle recommença le lendemain. Le 19, au point du jour, le général russe Stenheil passe la Dwina, en un lieu guéable, sur la gauche des Français, pour se porter sur leurs derrières et s'emparer du grand parc. Nos troupes se forment précipitamment pour repousser cette agression imprévue. L'adjudant-major Meslin, qui avait été debout toute la nuit, prend le commandement de la colonne du centre, fond sur l'ennemi à la baïonnette, le chasse du bois dans lequel il avait pris position, et le culbutant dans la Dwina, lui fait 1,800 prisonniers, au nombre desquels se trouva le capitaine de vaisseau Wilhouby, commissaire anglais près l'armée russe de Finlande. Le général Maison, ravi de ce brillant fait d'armes, embrasse M. Meslin devant sa colonne victorieuse, et, d'enthousiasme, le proclame chef de bataillon, grade que l'Empereur confirma au bivouac de Loubna, par décret du 15 novembre. Ainsi les promotions se succèdent pour ce vaillant soldat avec les combats, les luttes acharnées, les périls de la guerre. En deux jours, il reçoit pour prix de sa valeur la croix d'officier de la légion-d'honneur et l'épaulette de chef de bataillon !... Mais par quels prodiges d'héroïsme obtient-il un pareil avancement, presque sans exemple sous l'empire !... La glorieuse victoire remportée par l'adjudant-major Meslin sur le général Stenheil, est mentionnée avec éloges dans les *Mémoires* du feld-maréchal de Wrède, commandant dans la campagne de Russie la 20ᵉ division d'infanterie, attachée au 6ᵉ corps, sous les ordres du maréchal Gouvion-Saint-Cyr.

Le nouveau chef de bataillon qui avait si vaillamment commencé sa journée, la termina d'une manière non moins digne, en se battant avec acharnement dans les rues embrasées de Polotsk pour couvrir la retraite de l'armée. M. Meslin, accompagnant le brave général Maison, passa la rivière avec le dernier peloton de ses troupes, sous la mitraille et la fusillade la plus vive.

C'est alors que la retraite commença, sous les ordres du général Legrand, auquel le maréchal Gouvion-Saint-Cyr, blessé à Polotsk, avait remis le commandement du corps d'armée. La division Maison forma l'arrière-garde. Le 37ᵉ de ligne n'avait plus de colonel; le chef de bataillon Meslin fut chargé du commandement de ce régiment pendant toute la retraite. Il eut plusieurs engagements avec l'ennemi avant d'arriver à la Bérésina. Nous ne parlerons que de son affaire de Chasnitzki. Retranché sur une rivière profondément encaissée, dans une de ces interminables forêts de bouleaux dont rien n'altère la monotonie, le commandant Meslin tint pendant vingt-quatre heures avec son régiment contre des masses considérables qui le tournèrent sans parvenir à l'entamer. Il chargea les Russes

3.

à la baïonnette, s'ouvrit un passage à travers une de leurs colonnes, et rejoignit sa division au moment où le général Maison la mettait en mouvement pour venir le dégager.

Les vainqueurs de Polotsk, dont la destination avait été de marcher en ligne directe sur Saint-Pétersbourg, rejoignirent, sur la rive gauche de la Bérésina, les débris de la grande armée, conduits par l'Empereur, qui venait d'opérer avec d'immenses pertes sa retraite de Moscou. Le maréchal Oudinot vint reprendre le commandement du 2e corps sur les bords glacés de cette fatale rivière.

Oudinot fut bientôt aux prises avec l'ennemi qui, jour et nuit, nous harcelait de toutes parts. Le 24 novembre, à Nemonitsa, près de Borisow, il attaque la division russe de l'émigré français marquis de Lambert, commandée alors par le général Pahlen, la bat complètement, et la force à repasser la Bérésina. M. Meslin prit une belle part à ce combat à la baïonnette: brave parmi les braves, car sur la Bérésina, notre armée, réduite à quelques milliers d'hommes, comptait encore autant de héros que de combattants, le chef de bataillon Meslin, à la tête du 37e de ligne, se jette sur une colonne russe et la culbute: il avait pris un fusil et chargeait à l'arme blanche avec ses grenadiers.

La nuit suivante, bivouaquant l'arme au bras dans la neige, sans vivres, sans feu, par un froid excessif, il fallut se battre encore au milieu des ténèbres.

Le 25, le 2 corps protégea contre l'ennemi l'établissement des deux ponts que Napoléon fit construire en sa présence à Waselowo pour traverser la Bérésina.

Le 26 au matin, un combat opiniâtre, dans lequel le vaillant Meslin se distingua par son intrépidité, eut lieu à Studzianka: les Russes furent chassés de leurs positions et rejetés dans les bois.

Sans cesse attaqués et repoussant toujours l'ennemi, les restes de la grande armée, aussi héroïques que malheureux, passèrent leurs Thermopyles. Ce fut le brave Meslin, avec le 37e de ligne, formant alors la tête de colonne de la division Legrand, à laquelle était dévolu l'honneur de forcer le passage de la Bérésina, qui franchit le premier cette rivière de désastreuse mémoire.

Sur la rive droite se renouvelèrent les combats de la rive gauche. Le 2 corps eut une affaire sanglante au milieu d'un marécage où le commandant Meslin faillit perdre la vie: séparé de son régiment et attaqué par une centaine de cosaques, il lutta pendant une heure entière, avec huit ou dix grenadiers, contre cet escadron de barbares, et le mit en fuite dès qu'il fut dégagé des marais; ses habits furent déchirés de coups de lance.

Enfin la Bérésina est franchie, au prix d'un lamentable désastre; la grande armée n'existe plus! L'infortune et la gloire de nos armes sont égales.

L'âpreté d'un climat de fer a vaincu l'héroïsme de nos soldats et le génie militaire de Napoléon; il a triomphé des vainqueurs de l'Europe et étendu sans vie dans les neiges toute une armée de braves: car, comme l'ont dit depuis les peuples de la Russie, « ce n'est point le général Kutusoff, c'est le général *Morosow* (la gelée) qui a détruit les Français. »

Le 28 novembre au matin, le 2. corps, formant l'avant-garde de l'armée, fut attaqué par le général Tschichagow, qui ne put, malgré la supériorité de ses forces, le déloger de sa position. Un combat long et meurtrier s'engagea dans les bois. Le maréchal Oudinot, qui ne pouvait obtenir la victoire sans la payer de son sang, fut mis hors de combat, ainsi que les généraux Legrand et Grundler; le général Maison reçut aussi une blessure grave, mais ne voulut point se retirer du feu. Le maréchal Ney remplaça le maréchal Oudinot, et continua la lutte jusqu'à la tombée de la nuit. Le chef de bataillon Meslin se couvrit de gloire à la tête du 37e dans ce combat acharné. Prenant en flanc une masse d'infanterie russe de plus de 3,000 hommes, il la culbute à la baïonnette, la détruit en partie, et en poursuit les débris dans un bois pendant plus d'une lieue. La nuit le surprend au milieu de la forêt: séparé de l'armée avec 3 ou 400 hommes, cerné et sommé de se rendre, il répond à l'ennemi qui l'entoure en le chargeant à la baïonnette; son audacieuse intrépidité le dégage : il rejoint son corps à onze heures du soir; il se battait depuis sept heures du matin.

Nous avons vu M. Meslin à l'avant-garde pour forcer le passage de la Bérésina à Waselowo; maintenant que les Russes sont sur nos derrières, il va passer de la tête à la queue: il était dans sa destinée, grâce à sa bravoure et à sa constitution d'acier, d'avoir l'honneur de se trouver partout où il y avait le plus de dangers à braver.

Depuis la Bérésina jusqu'au Niémen, le vaillant chef de bataillon Meslin fut l'un des 3 ou 4,000 braves qui, sous les ordres du maréchal Ney, protégèrent la retraite des débris de notre armée; la division du général Maison, dont il faisait partie, formait l'arrière-garde de l'arrière-garde. Cette phalange héroïque, en proie aux rigueurs de la faim et du froid, se trouva constamment aux prises avec l'avant-garde russe: on se battait le matin en quittant le bivouac, on se battait toute la journée, on se battait le soir en prenant position pour la nuit; les généraux portaient le fusil, l'illustre Ney leur en avait donné l'exemple; officiers et soldats faisaient le coup de feu sur l'ennemi. Ce fut une lutte continuelle, un combat sans répit pendant quinze jours de marche et quatre-vingts lieues de route.

Enfin, le 13 décembre, on atteignit le Niémen. Des 400,000 guerriers qui, en ouvrant la campagne, avaient franchi ce fleuve, à peine 20,000 le repassèrent! L'arrière-garde, réduite à un petit nombre de combattants, eut une dernière affaire avec les Russes en entrant à Kowno: c'est par une charge à la baïonnette que le maréchal Ney et son peloton de héros firent leurs adieux, au nom de tous les Français de la grande armée, à la terre maudite où la rigueur du climat les avait vaincus, eux accoutumés, depuis quinze ans à courir de victoire en victoire, du Caire à Moscou, de Rome à Berlin, de Vienne à Madrid.

Nous avons passé sur les combats journaliers soutenus par l'arrière-garde dans la retraite de Russie, depuis Zembin jusqu'au Niémen; mais, précédemment, nous en avons dit assez pour faire ressortir la brillante bravoure du général Meslin: sa conduite aux batailles de Polotsk fut celle d'un véritable héros. Il est d'ailleurs aisé de supposer tout ce que pouvait déployer d'énergie et de dévouement, au milieu de pareilles circonstances, cette ame trempée pour la guerre. Cependant il existe un document officiel où sa conduite, durant cette époque la plus douloureuse et la plus mémorable de nos guerres de géants, est si bien caractérisée, que nous ne pouvons nous dispenser de le reproduire.

Pendant la restauration, M. Meslin, alors lieutenant-colonel, ayant eu besoin d'établir ses états de service, s'adressa au lieutenant-général Maison. C'était en 1826; quatorze ans s'étaient écoulés depuis la retraite de Russie, mais n'avaient pas effacé de la mémoire du chef les souvenirs qu'avait su y laisser le jeune officier supérieur. Voici ce qu'écrivit le général Maison :

« Je soussigné, lieutenant-général, pair de
» France, certifie que M. le lieutenant-colonel
» Meslin a servi sous mes ordres, pendant la cam-
» pagne de 1812, en Russie, dans le ci-devant
» 37° régiment de ligne; que, pendant toute cette
» campagne, il n'est pas une action où je n'aie
» eu l'occasion de remarquer son intrépidité,
» son inébranlable fermeté et son intelligence,
» notamment aux terribles batailles des 18 août,
» 18 et 19 octobre, devant Polotsk; de même
» qu'au passage de la Bérésina, où, saisissant le
» moment favorable pour charger en flanc une
» masse d'infanterie russe de 3,000 hommes, il la
» culbuta et contribua puissamment à la détruire.
» C'est par suite d'actions d'éclat semblables, et
» d'une conduite aussi brillante en toute occasion,
» que M. le lieutenant-colonel Meslin a obtenu
» successivement, et pendant un très court inter-
» valle de temps, sa nomination de chevalier et
» d'officier de la légion-d'honneur et le grade
» de chef de bataillon. Encore n'ai-je pas cru
» qu'il fût trop récompensé.

» Je certifie encore que M. Meslin a conservé
» et rapporté pendant notre désastreuse retraite
» l'aigle de son régiment, ainsi que la caisse, qui
» a été sauvée et rendue par lui intacte à Marien-
» bourg, où ma division séjourna quelque temps.
» Enfin, je l'ai vu toujours le premier au feu et
» le dernier à s'en retirer, chaque fois que j'ai eu
» besoin d'employer son imperturbable courage
» dans les moments si difficiles où je me suis trou-
» vé pendant la retraite.

» En foi de quoi, et comme étant l'exacte et
» pure vérité, j'ai signé le présent.

» Marquis MAISON.

» Paris, 10 mai 1826. »

Cette pièce était accompagnée de la lettre
suivante :

« Paris, 10 mai 1826.

» Je vous rends la justice que vous avez droit
» d'attendre de moi pour votre belle con-
» duite dans notre désastreuse campagne et re-
» traite de Russie. C'est un devoir que je remplis :
» j'ajouterai qu'il m'est doux de le remplir et
» d'être à même de vous prouver, après bien des
» années, l'estime que vous m'avez inspiré sur le
» champ de bataille, et dans les moments diffi-
» ciles où tant d'autres gens, d'ailleurs si braves,
» s'abandonnaient à un désespérant accablement,
» et où je vous ai vu, comme vous êtes proba-
» blement aujourd'hui dans votre paisible gar-
» nison de Metz, avec toute votre tête, votre
» sang-froid et votre brillant courage.

» Recevez, mon cher colonel, la nouvelle as-
» surance de l'estime et de l'attachement que je
» vous ai voués pour toujours.

» *Le lieutenant général, pair de France,*

» Marquis MAISON. »

Se trouvant en 1813 au siége de Hambourg,
sous les ordres du général Vandamme, le commandant Meslin se signala par un fait d'armes
que l'histoire a recueilli. Dans une nuit obscure,
il passe l'Elbe avec son bataillon pour aller s'éta-

blir dans l'île de Willelmsbourg, qu'on croyait libre; 1,200 ennemis l'occupaient depuis quelques heures: sans prendre souci de la supériorité de leurs forces, il les charge avec vigueur, les culbute à la baïonnette, fait 400 prisonniers et s'empare de l'île. Deux de ses capitaines, l'un et l'autre du département de la Manche où ils vivent aujourd'hui dans la retraite, M. David à Avranches et M. Lecurot à la Haye-du-Puits, reçurent de l'Empereur, en récompense de leur bravoure dans cette affaire, la décoration d'officier de la légion-d'honneur.

De Hambourg M. Meslin partit en poste avec son bataillon pour rejoindre la grande armée. Il arriva à Dresde la veille de la bataille de ce nom, à onze heures du soir, et le lendemain il était en ligne dès sept heures du matin, avec la division Dubreton à laquelle il appartenait. Là, M. Meslin soutint sa réputation de brave et fut blessé d'un coup de feu.

A la meurtrière bataille de Leipsick, où 1,200 pièces de canon vomirent la mort pendant deux jours, le chef de bataillon Meslin fit des prodiges de valeur; il eut trois chevaux tués sous lui, et reçut un coup de feu dans les reins et une balle prussienne qu'il porte encore aujourd'hui dans la cuisse, d'où on n'a pu l'extraire. Malgré la gravité de ses blessures, il ne quitta point son corps. Dix jours après il conduisait son bataillon au combat de Hanau, où les Bavarois furent si rudement punis de leur trahison de Leipsick.

4.

Au commencement de 1814, le commandant Meslin se trouvait à Besançon. Pendant le siége de cette ville, si vaillamment défendue par le général Marulaz, le 37ᵉ de ligne fit de brillantes sorties pour attaquer l'ennemi dans ses retranchements et le chasser loin des murs de la place. Il perdit beaucoup de monde dans ces différentes escarmouches, presque toutes sérieuses.

Napoléon fut précipité de son char de victoire. Un an de repos suivit ce grand événement. Au retour de l'île d'Elbe, le commandant Meslin reprit l'aigle et la vie des camps.

A Fleurus, commandant le 37ᵉ de ligne, en remplacement de son colonel blessé au commencement de l'action, il se battit avec acharnement, exécuta plusieurs charges à la baïonnette et eut deux chevaux tués.

Le lendemain, il prit part sur la route de Wavres à une affaire d'avant-poste dans laquelle il repoussa quatre charges de cavalerie. Pris sous son cheval tué par un boulet, il se vit un moment au pouvoir de l'ennemi; son bataillon accourut pour le dégager, et lui-même, s'emparant du cheval d'un dragon prussien qu'il désarçonna, parvint à grands coups de sabre à se tirer des mains des soldats de Blucher.

Son courage et son intrépidité brillèrent de tout leur éclat aux champs funèbres de Waterloo, où, par arrêt de la fortune, s'accomplirent dans un douloureux désastre les destinées de Napoléon et de la France impériale.

Dispersées par la foudre, les aigles françaises se rallièrent à Soissons, sous les ordres du maréchal Soult, major-général, puis se dirigèrent sur Paris. M. Meslin suivit ce mouvement avec le 37ᵉ de ligne; mais avant d'opérer sa retraite, il participa devant Namur, le lendemain de la bataille de Waterloo, à un combat sanglant où il résista pendant une heure entière, avec son bataillon, considérablement réduit, contre un régiment d'infanterie prussien, avec lequel il était engagé à bout portant.

Il arriva sous les murs de Paris avec les dernières colonnes de l'armée. Campé à Meudon, sur l'extrême gauche du corps de Vandamme, et observé de trop près par les Anglais qui voulaient le braver, il les attaqua dans la matinée du 3 juillet, et les poursuivit à la baïonnette; mais leur nombre s'augmenta bientôt; le brave Meslin dut plier à son tour pour n'être pas enveloppé. Il se battait dans les vignes depuis plusieurs heures et avait reçu un coup de feu dans le flanc gauche, lorsqu'un aide-de-camp vint lui dire: «Cessez le feu, tout est fini: un armistice est conclu; Paris ouvre ses portes aux Anglo-Prussiens!» Ce fut le dernier sang versé pour la cause impériale. Le combat livré devant Versailles aux dragons de Blucher par le général Excelmans avait eu lieu l'avant-veille.

Retiré derrière la Loire avec les débris de l'armée restés fidèles à Napoléon malheureux, et licencié comme eux, le chef de bataillon Meslin revint dans ses foyers après quatorze ans d'absence. A l'exemple de tant d'autres de ses frères d'armes éloignés comme lui de la noble poussière des camps, il utilisa les loisirs de ses jours d'infortune en s'adonnant à l'agriculture.

En 1819, le maréchal Gouvion-Saint-Cyr, alors ministre de la guerre, qui avait été en Russie témoin des prouesses du brave Meslin, le rappela à l'activité dans la légion du Haut-Rhin, devenue l'année suivante 35ᵉ de ligne. C'est avec ce régiment qu'il fit la campagne d'Espagne en 1823. Au blocus de Saint-Sébastien, où son cheval eut les deux jambes coupées par un obus, M. Meslin soutint un combat assez vif sous le canon des remparts de la place, et y conquit le grade de lieutenant-colonel, qui lui fut donné au champ d'honneur, le 11 avril, par M. le duc d'Angoulême, généralissime de l'armée. Le surlendemain, il s'empara, avec deux bataillons et quelques bouches à feu, de la forteresse de Guetaria. Il marcha ensuite sur Madrid avec l'avant-garde du corps du général Bourke. De Madrid il alla faire le siége de la Corogne, qui dura trente-sept jours. Enfin il prit part à une dernière affaire qui eut pour résultat d'ouvrir à notre armée les portes du Ferrol.

Rentré en France en 1824 avec le 38ᵉ de ligne, dans lequel il servit pendant six ans, M. Meslin fut nommé colonel du 19ᵉ régiment de la même arme le 27 décembre 1829.

Il était en garnison à Metz, où se trouvaient

réunis 10,000 hommes, lorsque la révolution de juillet éclata. Le désordre se mit aussitôt dans ce rassemblement de troupes. Le seul régiment du colonel Meslin, fort attaché à son chef et formé à la vieille discipline de l'empire, resta fidèle aux lois de la subordination. Néanmoins il fallait agir et se décider avec promptitude: ce n'était pas une médiocre responsabilité, en ce moment-là, d'occuper une garnison frontière. Le colonel Meslin pourvut au plus pressé. Il prit d'abord la cocarde tricolore. Cela fait, il fut chargé de rétablir l'ordre dans la place et d'employer les soldats de son régiment pour la faire armer. Il mit la ville en mesure de n'être rendue, quel que fût l'événement, qu'aux mains d'un gouvernement régulier et national. Cette prompte résolution, cette sage conduite, valurent au colonel d'être cité en exemple et mis à l'ordre du jour de la division par les généraux Sémélé et Hulot, qui vinrent successivement prendre le commandement de Metz, au nom de l'autorité nouvelle.

Quelque temps après, il fut appelé à Paris avec son régiment. Les émeutes commençaient à se manifester au sein de la capitale; pour le salut de la France, il fallait des hommes de tête et de cœur. Les vieux amis du colonel Meslin le retrouvèrent dans les rues de Paris, notamment pendant le procès des ministres, tel qu'ils l'avaient connu jadis devant l'ennemi, bravant les balles, se jouant du danger. Il rendit au pays, dans ces jours difficiles, les services les plus essentiels et les plus salutaires. Calme, actif, résolu, le colonel Meslin dut à son sang-froid, à sa modération, à sa pitié même pour des insensés qui ne faisaient qu'obéir à des passions plus mauvaises qu'eux, de pouvoir contenir ou dissiper les émeutes sans recourir aux dernières rigueurs de la force et de la nécessité. Son attitude à la fois calme et patiente, et les éminents services que la cause des institutions reçut de lui durant cette époque pénible, furent encore signalés par les ordres du jour les plus honorables et les plus flatteurs.

M. Meslin reçut de la main du roi Louis-Philippe, le 21 mars 1831, à la première grande revue passée par S. M., le cordon de commandeur de la légion-d'honneur. Il était depuis 19 ans officier de cet ordre, grade qu'il avait gagné, comme nous l'avons dit, sous la mitraille des Russes à la bataille de Polotsk.

A la tête du 19ᵉ de ligne, le colonel Meslin fit les campagnes de Belgique en 1832 et 1833. De retour en France, il fut immédiatement envoyé en Vendée pour contribuer à y rétablir l'ordre; il occupa le pays entre Niort et Poitiers, et parvint à y étouffer les germes de la guerre civile. Ce ne fut pas sans beaucoup de fatigues; mais ces fatigues furent payées d'une bien chère récompense, puisqu'elles prévinrent une explosion dont les suites auraient pu être si désastreuses, et évitèrent l'effusion du sang français. De la Vendée le 19ᵉ fut dirigé sur la frontière d'Espagne, et fit partie de la division du général Harispe. Il y resta trois ans, faisant jour et nuit le service d'avant-postes, le plus pénible des services de campagne.

Elevé au grade de maréchal-de-camp le 31 décembre 1835, le général Meslin sollicita, par affection pour le pays natal, le commandement du département de la Manche. Il méritait à tous égards l'affectueuse estime que ses compatriotes s'empressèrent de lui témoigner, et pendant cinq ans il ne cessa de s'en rendre digne. On le vit, en tout ce qui dépendait de lui, se mettre au service des particuliers du même cœur qu'il s'était mis au service de l'état. Juste, sincère, obligeant, populaire dans toute la bonne acception du mot, on ne lui a jamais reproché d'avoir repoussé une seule réclamation légitime, ni refusé son honorable appui à quiconque en avait besoin.

Dans le cours de ce paisible commandement, le général Meslin fut plusieurs fois employé d'une manière plus active, et le ministre de la guerre montra la confiance qu'il avait dans ses talents militaires, en lui donnant des troupes à former, à instruire dans les camps. Il eut une brigade d'infanterie au camp de Compiègne en 1836, sous les ordres du duc d'Orléans; une autre au camp de Saint-Omer en 1838; et en 1839, il commanda par intérim la division du duc de Némours, qui faisait partie du corps de rassemblement sur la frontière du nord.

M. Meslin passa du commandement de la Manche à celui du département de Seine-et-Oi-

se , et à Versailles comme à Saint-Lo , il sut se
faire estimer et aimer.

Placé depuis deux ans à la tête d'une brigade
de la garnison de Paris, en même temps qu'il est
une garantie pour le maintien de l'ordre public,
le général Meslin sait, par son exemple et par ses
leçons, répandre autour de lui ces belles tradi-
tions de courage, de dévouement et de discipline qui l'ont constamment guidé. Encore plein
de force après 43 ans de services effectifs, il est
un de ces anciens du drapeau à qui la patrie
pourrait au besoin demander non seulement
leur sang, tous le lui offriraient sans doute, mais
les mêmes fatigues et la même ardeur qu'aux
plus dévoués de ses jeunes soldats.

Telle a été la carrière de gloire, telle est la vie
militaire si pleine et si belle du vaillant général
Meslin. Il n'a jamais connu que l'ambition de
servir la France, pour laquelle il a joué sa vie
pendant quinze ans dans dix grandes batailles et
plus de quarante combats. Tout à sa patrie, soit
sur les mornes brûlants de Saint-Domingue, soit
dans les frimas de la Russie ou sous les murs de
Paris, c'est au champ d'honneur qu'il a conquis
ses grades. N'ayant rien demandé à la faveur,
n'ayant rien obtenu que de son mérite, n'ayant
obéi qu'au devoir, ce brave et loyal soldat hono-
re le peuple dont il est sorti et le rang élevé où
son caractère et ses œuvres l'ont fait lentement
parvenir. Heureux le pays qui possède de tels
hommes, plus heureux s'il sait les apprécier!

Cherbourg — Typographie de NOBLET.